Alain Pelosato

I0503133

Pour une histoire du cinéma fantastique

© Alain Pelosato

Table des matières

Pour une histoire du cinéma fantastique

Comme l'a souligné Alfred Hitchcock : « *Après tout, le cinéma est la seule forme d'art nouvelle créée au XXe siècle. Il n'y en a pas eu d'autre !* » Et il ajouta : « *Le langage de la caméra est le même que celui de l'écrivain. (Ce dernier) utilise des mots, vous utilisez des images.* » Et il faisait la remarque suivante qui nous intéresse particulièrement en ce qui concerne le cinéma fantastique : « *Le macabre vous donne la possibilité d'aborder la violence sans en avoir l'air : c'est un détournement du mélodrame.* »[1]

Cet apéritif nous met en appétit pour aborder l'histoire du cinéma et, à l'intérieur de celle-ci, ce qui nous intéresse le plus, l'évolution du fantastique.

Il y a eu deux inventions du cinéma : une invention technique et une invention artistique.

Techniquement, le cinéma prend sa source dans le théâtre d'ombres chinois qui date de plusieurs milliers d'années. Depuis l'antiquité, les physiciens connaissent cette particularité physiologique de l'homme : la persistance rétinienne. Cette trace fugace de la vision qui persiste sur notre rétine amène l'invention du Thaumatrope par Pairs en 1825, du Phénakistiscope de Plateau en 1833, du Zootrope d'Horner en 1835 et du Parxinoscope de Raynaud en 1877. Puis, les améliorations considérables de la sensibilité de la photographie autorisèrent de prendre des photos en une fraction de seconde et permit la mise bout à bout de milliers d'images donnant l'illusion du mouvement. Mais il fallait des progrès purement technologiques pour maîtriser optiquement la projection d'images. En 1891, Edison fit franchir une grande étape à ce progrès en inventant le Kinétoscope (1891), mais le film défile dans une boîte et ne peut être regardé que par une personne à la fois. Ce sont les frères Lumière qui vont apporter la découverte technologique décisive. À partir de la machine à coudre, Louis Lumière pense au mécanisme qui

---

[1] *Hitchcock-Chabrol* par E. Rohmer Ramsay 1993

fait défiler une à une les images d'un film en les projetant à grande vitesse. Le cinéma est né. Le brevet est déposé le 13 février 1895...

Très rapidement et dès le début du XXe siècle, la plupart des découvertes technologiques connues aujourd'hui étaient réalisées : en 1900, on constatait des tentatives de cinéma sonore, colorié, stéréoscopique, sur grand écran... Un procédé couleur est mis au point en 1908 et, en 1935, Louis Lumière présente un procédé de cinéma en relief. Les dernières innovations concernent la sensibilité des pellicules (Stanley Kubrick filme les personnages éclairés à la bougie dans *Barry Lindon*, 1975), les techniques comme le zoom (1962) et les caméras gyroscopiques permettant de filmer en marchant tout en assurant une grande stabilité de l'image, procédé rendu célèbre par le film de John Carpenter : *Halloween* (1978). Enfin, il y a les effets spéciaux et les images de synthèse qui restent encore des innovations technologiques, en dehors de l'art cinématographique lui-même, utilisés par lui, mais qui devront encore accéder au statut artistique. Le premier film parlant fut *Le Chanteur de jazz* d'Alan Grosland, présenté pour la première fois à New York, le 6 octobre 1927, un an après la projection du premier film sonorisé par un accompagnement musical synchronisé, *Don Juan*, dirigé par le même. Désormais, à part Charlie Chaplin qui résistera longtemps, tous les cinéastes abandonneront le muet pour le parlant. Même des films contemporains comme *Le Bal* d'Ettore Scola, dans lequel pas une parole n'est prononcée, appuie tout son scénario sur la musique de l'orchestre du bal... Comme le souligne Jean-Louis Leutrat, *« L'absence de son ne doit pas être considérée comme une infirmité : "De la même façon qu'il rêvait et entendait en lui les voix des acteurs, (le spectateur) entendait en lui tous les sons que pouvait suggérer le film [...] Le cinéma muet bruissait donc du vacarme des sons sous-entendus. (M. Chion, Le Son, p. 26-27) »* Le même auteur cite S. Daney à propos du zoom : *« Le zoom n'est plus un art de l'approche mais une gymnastique comparable à celle du boxeur qui danse pour ne pas rencontrer l'adversaire. Le travelling véhiculait du désir, le zoom diffuse de la phobie. Le zoom n'a rien à voir avec le regard, c'est une façon de toucher avec* l'œil. *Toute une scénographie, faite de jeux entre la figure et le fond, devient incompréhensible.* »

Les premiers cinéastes filmaient avec dans leur cerveau le cadre de la scène de théâtre dont ils ne pouvaient se défaire. Le cinéma n'était alors qu'une copie d'un autre art, le théâtre. Alors que les frères Lumière développaient le documentaire, George Méliès se passionnait pour la fiction, et donc inventait déjà les effets spéciaux. À ce propos, le mieux est de citer l'auteur lui-même : « *Un blocage de l'appareil dont je me servais au début (appareil rudimentaire dans lequel la pellicule se déchirait ou s'accrochait souvent et refusait d'avancer) produisit un effet inattendu un jour que je photographiais prosaïquement la place de l'opéra : une minute fut nécessaire pour débloquer la pellicule et remettre l'appareil en marche. Pendant cette minute, les passants, omnibus, voitures, avaient changé de place, bien entendu. En projetant la bande, ressoudée au point où s'était produite la rupture, je vis subitement un omnibus Madeleine-Bastille changé en corbillard et les hommes changés en femmes. Le truc par substitution, dit truc d'arrêt, était trouvé...* » Et, si le cadre habituel dans lequel les cinéastes filmaient était celui de la scène de théâtre, Méliès l'avait élargi à celui du cirque : «*... Je jouais les principaux rôles. Les gens employés dans* Le Voyage dans la lune *étaient uniquement des acrobates, girls et chanteurs du music-hall, les acteurs de théâtre n'ayant pas encore accepté de jouer dans des films de cinéma, car ils considéraient les films comme bien au-dessous du théâtre.* »

La technique étant placée sur les rails de la découverte, il restait au cinéma à acquérir son statut d'art en s'émancipant du théâtre. David Wark Griffith sut affranchir le cinéma de l'espace étroit créé par le point de vue du spectateur au théâtre. Il ouvrit donc la voie à cette véritable création par la multiplicité des points de vue et des plans, et, surtout, par cette particularité de créer l'illusion qu'est le montage, illusion créatrice de sentiments, dont la peur et l'angoisse en est le principal. Cela se produisit dans les tout débuts d'Hollywood, alors que le cinéma américain était passé de la côte Est à la côte Ouest, un peu avant 1910. Puis, de grands créateurs comme Raoul Walsh, King Vidor, John Ford exploitèrent et développèrent cet acquis qui fut accompli avec le sonore et le parlant. Cette forme cinématographique se munit d'un certain nombre de règles, de signifiants et signifiés, et devint le langage cinématographique, une institution dont il deviendrait difficile de se défaire. Ce cinéma hollywoodien tira sa force dans l'apport énorme de cinéastes européens qui vinrent le rejoindre et apporter un sang nouveau, d'abord Erich von Stroheim, Ernst Lubitsch, Rex Ingram, Maurice Tourneur et, ensuite, W. F. Murnau, Victor Sjöström, Karl Freund... Ce mode de représentation institutionnel, appelé par Jean-Louis Leutrat « *La Grande forme* », traverse toute l'histoire du cinéma. « *Certains l'ont identifié au « classicisme » alors que ce dernier n'en est qu'un moment. (... .) (Mais ne lui accordons pas trop d'importance car) les œuvres ne deviennent vraiment dignes d'intérêt que lorsqu'elles ne relèvent plus d'aucune catégorie*[2]. » Ailleurs, en Russie, le grand Eisenstein sut utiliser toutes les ressources du montage et en développer les conséquences artistiques.

Après ce bref résumé de la naissance de cet immense art qu'est le cinéma, il faut maintenant tenter de cerner l'évolution de sa façon d'exprimer le fantastique.

Le premier cinéaste fantastique fut George Méliès, nous l'avons vu, dont la passion était de montrer des histoires invraisemblables grâce au cinéma. Mais, la véritable naissance du cinéma fantastique eut lieu à quelques centaines de kilomètres de là, en Allemagne. Ce cinéma fantastique s'est immédiatement appuyé sur les grands thèmes littéraires du genre, eux-mêmes inspirés à la fois des terreurs de nos angoisses et des traditions folkloriques.

---

[2] *Le Cinéma en perspective : une histoire* de Jean-Louis Leutrat Nathan Université

Terreur expressionniste (1918 - 1929)

L'expressionnisme au cinéma est né en Allemagne après la guerre de 1914-18, dans les affres contradictoires de la république de Weimar qui, après avoir écrasé la révolution spartakiste et exécuté ses dirigeants ne résista pas à la pression du nazisme qui s'appuyait sur la crise économique et l'humiliation des Allemands après la défaite. Jean-Michel Palmier, dans sa préface à *Expressionnisme et cinéma* de Rudolf Kurtz, indique que *« le cinéma expressionniste fut pour la génération des années vingt le miroir même de ce malaise par rapport au réel, qu'on y voit l'expression d'une hantise ancestrale des objets et de l'espace ou la réaction à une situation concrète – le traumatisme de la guerre et d'une révolution assassinée, la misère, le chômage, les désordres politiques – qui firent du cinéma allemand de cette époque, un monde encore plus angoissant que la réalité elle-même. »* L'esthétique profonde de ce mouvement a marqué de nombreux cinéastes parmi les plus grands jusqu'à nos jours. L'expressionnisme rejette le réalisme, la réalité, le naturel et le surnaturel. Seule compte la vision subjective du monde, l'intériorité. Il durera jusqu'en 1926, jusqu'au cinéma parlant qui assurera de manière irréversible la victoire d'Hollywood et de la "Grande forme". Un film parlant comme *Vampyr* de Dreyer (1931) peut être encore classé parmi les films expressionnistes dont il reprend les thèmes de l'ombre et de la lumière, de la distorsion de l'espace, et tout cela dans des décors naturels, faisant ainsi faire un pas nouveau à l'art cinématographique grâce au montage, à la lumière et aux mouvements de caméra. Rudolf Kurtz, dans son ouvrage célèbre sur l'expressionnisme, souligne que *« l'expressionnisme refuse catégoriquement de copier le spectacle de la réalité. [...] Il est question, pour lui, d'un niveau fondamentalement différent de l'existence. »* Lotte H. Eisner qui s'est inspirée de cette œuvre pour son livre *L'écran démoniaque*, cite Wilhelm Worringer à propos de l'expressionnisme : *« Cette angoisse primordiale de l'homme* en face d'un espace illimité suscite en lui le désir d'arracher les objets du monde extérieur à leur contexte naturel, ou, mieux encore, de délivrer l'objet de ses liens avec (peut-être) d'autres objets, bref de le rendre "absolu". »

Ce mouvement artistique est le mieux représenté par le merveilleux film de Robert Wiene : *Le Cabinet du docteur Caligari* (1920). Ce film, l'un des plus étranges de l'histoire du cinéma, présente un monde aux perspectives faussées, aux angles bizarres et biscornus, des personnages extravagants aux mouvements hystériques. Comme ce sont les décors qui produisent cet effet de distorsion de l'espace, il fallut tourner toutes les scènes en plan fixe, exiger des maquillages et des costumes extraordinaires, des jeux d'acteur aux expressions exagérées, distendues. La création d'un autre univers et d'un autre temps. Le cinéaste voulait ainsi en rester là, mais un début et une fin rationnels lui furent imposés. Ainsi, on voit au début le narrateur raconter son histoire dans un décor naturel et à la fin, ce même narrateur est montré fou, ce qui fait supposer que cet autre univers vécu par le spectateur pendant la narration était le fruit de l'imagination d'un fou. C'est Fritz Lang qui aurait conseillé aux deux scénaristes (Carl Mayer et Hans Janowitz) de faire de cette histoire fantastique l'invention d'un fou.

Pour référence, citons quelques films expressionnistes : *Golem* (1921) de Henrik Galeen ; *Nosferatu* (1921) de Murnau ; *Les Trois lumières* et *Dr Mabuse* (1922) de Fritz Lang ; *Le Montreur d'ombres* » (1923) de Robinson ; *Le Cabinet des figures de cire* (1924) de Paul Leni, *La Mort de Siegfried*, *La Vengeance de Kriemhild* (1923—1925) et *Metropolis* (1927) de Fritz Lang.

Mais la lumière de l'expressionnisme a porté son ombre bien plus loin, avec les films noirs américains, des sombres joyaux comme *La Nuit du chasseur* de Charles Laughton (1955) et surtout, l'expressionnisme de la couleur des cinéastes italiens spécialistes du « *giallo* » comme Mario Bava et Dario Argento. On retrouve également cette géométrie non euclidienne des villes tentaculaires de *Metropolis* dans *Blade Runner* (1982) de Ridley Scott, *New York 1997* (1981) de John Carpenter, dans le monde baroque et fou d'*Alien 3* de David Fincher (1992) et dans la ville de *Dark City* (1998) d'Alex Proyas.

Terreur fantastique et bavarde ou la victoire d'Hollywood (1930 - 1955)

Mais, nous l'avons vu, la plupart des cinéastes expressionnistes allemands rejoignirent les États-Unis. Ils apportèrent là-bas à Hollywood leur génie de l'ombre et de la lumière que l'on retrouve dans tous les films fantastiques de l'Universal et de RKO. C'est alors une deuxième période de l'histoire du cinéma fantastique qui commence : la victoire d'Hollywood.

Nous sommes alors dans les années trente et le système hollywoodien s'est stabilisé en deux grandes catégories de compagnies : les majors qui comprennent la MGM, la Paramount, la 20th Century fox et RKO et les minors qui comprennent l'Universal, la Columbia et United Artist. Cette dernière compagnie fut fondée le 20 février 1919 par les quatre grands cinéastes de Hollywood qui choisirent l'indépendance pour lutter contre l'exploitation des patrons des majors studios. Ces Big Four étaient Charlie Chaplin, D. W. Griffith, Mary Pickford et Douglas Fairbanks.

C'est l'Universal qui se spécialisa la première dans le film d'horreur hollywoodien. Dans les années 30, c'est elle qui produira *Dracula* (Tod Browning), les *Frankenstein* (James Whale), *La Momie* (Karl Freund)... En réaction aux énormes succès remportés par ces films dits d'horreur produits par une minor, la RKO créa dans les années quarante une unité de production de films fantastiques dirigée par Val Lewton après avoir produit le fameux *Les chasses du comte Zaroff* (1932) et *King Kong* (1933) de Cooper et Schœdsack. Cette compagnie produira une énorme quantité de séries B tournées en quatre semaines avec peu de moyens mais aussi des chefs-d'œuvre de Jacques Tourneur (le fils de Maurice) : *La Féline* (1942) – *Vaudou* (1943) – *Angoisse* (1944) et de Robert Wise : *La Malédiction des hommes-chats* (1944) – *Le Récupérateur de cadavres* (1945). C'est ce studio qui produira après la guerre *La Chose d'un autre monde* (1951) de Christian Nyby et

L'invasion des profanateurs de sépulture (1955) de Don Siegel.

Alors que les films de l'Universal jouaient sur la terreur de l'image en utilisant les procédés de l'expressionnisme, RKO jouait sur la suggestion avec, notamment, un cinéaste génial comme Jacques Tourneur qui savait faire imaginer au spectateur tout ce qui se passait hors-champ. Ce sont les films de l'Universal qui ont rendu célèbre des acteurs comme Bela Lugosi et Boris Karloff. La RKO a déposé son bilan en 1957...

Cette période classique du fantastique est marquée par le Code Hays constitué par la liste des commandements que doivent respecter les réalisateurs, code officialisé le 31 mars 1930. Il faudra attendre les années cinquante pour qu'il tombe en désuétude. Mais il sera trop tard pour le cinéma fantastique hollywoodien qui sera déjà complètement mort. Selon ce code, par exemple en ce qui concerne les sujets repoussants, il faut suivre les règles du bon goût et respecter la sensibilité du public (!) On voit ce que ce code peut donner dans le genre film d'horreur. Ainsi, on ne voit pas une goutte de sang couler dans le *Dracula* de Browning... C'est l'ère du cinéma fantastique bavard qui se termine. Ainsi, un film comme *Masques de cire* (1933) de Michael Curtiz, en couleurs, comprend une tonne de dialogues inutiles.

Terreur fantastique de toutes les couleurs (1950 – 1970)

En Europe, le fascisme étend ses griffes partout et le cinéma s'en ressent. Seuls quelques films féeriques sont autorisés par la censure comme le fameux *Aventures du baron de Münchhausen* en Allemagne en 1943 (Joseph von Baky), en France : *Les Visiteurs du soir* en 1942 (Marcel Carné) et *La Main du diable* en 1943 (Maurice Tourneur), produits par La Continental, société de production dirigée par un Allemand.

Le renouveau du fantastique d'après-guerre viendra d'Angleterre. Ce sont les studios de la Hammer qui développeront ce genre avec les films de Terence Fisher qui reprendront les trois grands thèmes classiques de la littérature fantastique et d'autres : de nombreux *Dracula*, de nombreux *Frankenstein*, des *Loups-garou*s, etc. Cette fois, pas de code de production : la sexualité est mise en évidence, les canines de Christopher Lee sont apparentes et le sang coule à flot. Les films connaissent un énorme succès. Ils jouent sur la terreur du réalisme de l'image et du coup de poing obtenu grâce à un habile montage (vous savez, la scène où le héros entre dans une pièce déserte et se retournant se trouve brusquement nez à nez avec un serviteur effrayant...) Dracula n'est plus un simple séducteur mais un être qui suscite le désir charnel. Le docteur Frankenstein n'est plus le savant culpabilisé de sa découverte mais un scientifique cynique qui renaît toujours de ses cendres pour poursuivre ses horribles recherches. Puis on osa mélanger tous ces monstres dans des films qui réunissaient Dracula, la créature de Frankenstein et le loup-garou. La Hammer débuta avec le fameux *Le Monstre* (1955) de Val Guest.

Aux États-Unis, un audacieux cinéaste, Roger Corman, reprenait tout à zéro et réalisait de nombreux films d'épouvante avec très peu de moyens. Puis il fit sa gloire en réalisant de géniales adaptations des œuvres d'Edgar Allan Poe et même de Lovecraft. Lui aussi jouait sur la couleur, comme les expressionnistes utilisaient l'ombre et la lumière.

Le manque de moyens lui avait fait adopter une méthode infaillible pour cacher la misère de ses décors : le brouillard artificiel.

Ces deux cinéastes avaient leurs acteurs fétiches : Christopher Lee et Peter Cushing pour Terence Fisher, Vincent Price pour Roger Corman. Ce fut ainsi le départ d'une nouvelle forme de cinéma fantastique qui persiste encore de nos jours.

Terreur horrifique (1960 à nos jours)

Dans les années soixante, alors que se tournaient les films de l'ère précédente marquée par des décors fantastiques, dit gothiques, une nouvelle forme de terreur prend forme, celle de l'horreur qui réussit à nous saisir dans les décors de notre vie quotidienne. Un film d'avant-guerre constituait déjà les prémisses de ce genre : *Le Mort qui marche* (1936) de Michael Curtiz, dans lequel l'action se passe à l'époque moderne, et le mort-vivant est le produit d'une découverte scientifique.
Trois genres illustrent cette période.
Le film gore apparaît dans les années soixante et se développe avec de plus en plus d'effets spéciaux, il se heurte au départ à une dure censure. C'est le cas par exemple des films de l'américain Gordon H. Lewis (*Blood Feast* en 1963 – *Maniac* en 1964 etc.). Le plus illustre d'entre eux reste *La Nuit des morts-vivants* (1968) de George Romero, film culte qui montre impitoyablement la déchéance corporelle de cadavres rendus à la vie, et, par la même occasion, la déchéance morale de la société américaine. Ce genre sera suivi de nombreux autres films, Romero lui-même en réalisant plusieurs. Le gore représente, dès les années soixante, une violente dérision exprimée au travers d'un mépris pour le corps qui représente les contingences matérielles – en quelque sorte... – un humour macabre extrême pour choquer le bourgeois. *Zombie* (1978) de Romero, produit par Dario Argento, critique ouvertement la société de consommation puisque les morts-vivants assiègent et occupent un centre commercial dans lequel se sont réfugiés les survivants, devenus eux-mêmes objets de consommation.

> — *Pourquoi viennent-ils ici ?* questionne la jeune femme.
> — *Une vieille habitude...* répond un autre personnage...

Le film d'action est représenté par *Massacre à la tronçonneuse* (1974) de Tobe Hooper, longtemps censuré en invoquant la violence, alors que le film comporte peu de scènes gore, mais il donne une image exécrable de la société rurale américaine, et *Halloween* (1978) de John Carpenter. Dans chacun de ses films, Hooper se fera une spécialité dans le dénigrement de la société américaine. Quant à John Carpenter, on lui a reproché son puritanisme dans le fait que le meurtrier de *Halloween* punit de jeunes adolescentes livrées au plaisir (thème repris par la série des films *Vendredi 13* – ne pas confondre avec la série de télévision du même nom – et *Freddy*), mais n'est-ce pas justement une critique du puritanisme en le présentant utilisant de telles méthodes ? Michel, le tueur fou masqué, ne représente-t-il pas la société répressive qui tue aveuglément en cachant son visage ? Dans ce genre, il y a aussi les "gialli" italiens, pleins de couleurs et de sang, de morts et de drames, films de Mario Bava – *Six Femmes pour l'assassin* (1964) – et Dario Argento – *Suspiria* (1977) et *Inferno* (1978) – qui ont repris les décors biscornus, l'ombre et la lumière expressionnistes pour les traduire en couleurs violentes et en décors fantastiques.

Le troisième genre est le film de science-fiction, expression contemporaine du fantastique, comme *2001 l'odyssée de l'espace* (1968) de Stanley Kubrick et surtout *Alien* (1979) de Ridley Scott, mais aussi les œuvres de Cronenberg, comme *Rage* (1976).

La grande mode est au retour des grands monstres du fantastique avec les nouvelles adaptations (plus fidèles) de *Dracula* (Francis Ford Coppola en 1992) et de *Frankenstein* (Kenneth Branagh en 1994), les tentatives de renouvellement de ces mythes et d'autres comme *Entretien avec un vampire* (Neil Jordan en 1994), *Wolf* sur le thème du loup-garou (Nichols en 1994), et aussi des remake de John Carpenter comme *The Thing* (1982) reprise de *La Chose d'un autre monde* (Christian Nyby en 1951) et *Le Village des damnés* (1995) reprise du film de même titre de Wolf Rilla (1960). Enfin, il y a eu le remake génial de *Godzilla* par Roland Emmerich (1998). Certains ont voulu donner le nom de néo-fantastique à cette mode... Curieux !

Et puis se développe un excellent cinéma fantastique asiatique (Sud-Coréen, Japonais, Thaïlandais...) qui a su vraiment renouveler le genre du film de hantise : *Deux Sœurs – Ring – Bangkok Haunted*...

Terreur humoristique et gentille (1960 à nos jours)

Cette période d'intense terreur du cinéma fantastique est aussi marquée par le développement d'un fantastique comique que nous illustrerons en citant le *Corbeau* (1963) de Roger Corman, *Le Bal des Vampires* (1967) de Roman Polanski, *Frankenstein junior* (1974) et *Dracula mort et heureux de l'être* (1996) de Mel Brooks, des films de Tim Burton comme *Beetlejuice* (1988), *SOS Fantômes* (1984) d'Ivan Reitman et même un fantastique gentil, tels de nombreux films de Steven Spielberg comme *E. T* et d'autres.

L'un ne semble pas aller sans l'autre : plus la terreur de certains films est horrible, plus on en produit, à côté, d'humoristiques et de gentils. Ce n'est pas si mal, car cela met le fantastique à la portée de tous.

Terreur des effets spéciaux (jeu vidéo, mangas et comics au cinéma) (1980 à nos jours)

Malgré les tentatives de renouvellement des grands classiques de l'horreur, le sujet commençait à s'épuiser. La littérature ne produisant plus de nouveaux monstres cinématographiques les producteurs se tournèrent vers d'autres créations : le jeu vidéo, le manga, le comic américain et la BD.

Après quelques échecs, l'adaptation du jeu vidéo connut le succès par la violence et l'horreur avec l'adaptation au cinéma de *Resident Evil* par Paul Anderson suivi d'une séquelle *Resident Evil apocalypse* qu'il a produite, et d'autres encore. Ce jeu vidéo a bénéficié de la collaboration de George Romero.

Des personnages de comics américains réapparaissent. Le premier à ouvrir le bal fut *Superman (1978 avec trois suites)*, incarné par le regretté Christopher Reeve. Le succès de ce film fut essentiellement dû à la réussite des effets spéciaux, car Superman avait vraiment l'air de voler. Mais il faudra attendre encore dix ans pour que ces derniers soient suffisamment crédibles et mettent en scène le thème de ces super héros. Tim Burton commença la série des *Batman* en 1989. Ces deux héros furent suivis par bien d'autres jusqu'au *Spiderman* de Sam Raimi, *Hellboy* de Guillermo del Toro, en passant par *Dardevil*, etc.

Les adaptations BD ne furent pas en reste avec *La Ligue des gentlemen extraordinaire,* d'autres comics plus récents avec *Alien contre Predator,* et ce n'est pas fini, beaucoup de héros et de monstres dorment encore dans les comics, BD, jeux vidéo…

Les effets spéciaux ont permis à Peter Jackson de réaliser son chef-d'œuvre en trois parties : *Le Seigneur des anneaux* (2001).

Aujourd'hui, le fantastique rencontre un grand succès, car il est de plus en plus difficile d'intéresser le spectateur à des histoires nouvelles et l'on est loin d'avoir épuisé le genre contrairement au western par exemple. Les effets spéciaux jouent un rôle de plus en plus important. Regretter ce fait équivaudrait à rouler en automobile et avoir la nostalgie de la voiture à cheval. Le condamner rejoindrait l'attitude des comédiens de théâtre qui méprisaient le cinéma au début de son existence. La technologie est arrivée à un niveau de haute sophistication. L'image de synthèse permet de créer n'importe quelle illusion. C'est elle qui a produit le charme de films comme *Jurassic Park* (1993) de Steven Spielberg, histoire très moderne qui pose à la fois le problème des manipulations génétiques (la création du vivant...) et la gestion de systèmes complexes de sécurité d'ensembles technologiques à risque majeur. Mais aussi les effets sensationnels de *Terminator 2* (1991) de James Cameron, et de *Jumanji* (1996) où l'image de synthèse permet de mettre les décors et les personnages dans des situations impossibles à reproduire en réalité, comme la charge d'un troupeau d'éléphants et de rhinocéros dans une petite ville américaine. L'image de synthèse est-elle le départ d'une nouvelle ère du cinéma ? Après l'invention technologique, doit-on attendre l'utilisation artistique de cette technique de l'ordinateur ? N'en est-on pas encore, dans ce domaine, à une utilisation informatique de cette technique, bien loin de l'art ? Qui sera le nouveau Griffith de l'image de synthèse ?

Une autre question se pose. Si la technologie de l'électronique a permis de mettre à la disposition du grand public des appareils sophistiqués comme le caméscope, elle conduit à un coût extrêmement élevé de l'image de synthèse qui ne peut être à la disposition que d'un cinéaste qui possède un budget énorme. La période des chefs-d'œuvre à petits budgets, genre *La Nuit des morts-vivants*, est-elle révolue ? J'espère que non, et cet espoir n'est pas contradictoire avec le plaisir et l'autre espoir de voir l'image de synthèse faire accéder le cinéma à une autre phase de son histoire. Pour qu'elle accède au statut d'art, il faut qu'elle acquière l'élément primordial qui constitue la création plastique : l'humanité... Hironobu Sakaguchi l'a tenté avec son film *Final Fantasy* (2001) réalisé entièrement en images de synthèse sans acteur. Ce film est également une adaptation d'un jeu vidéo.

Essai de typologie des thèmes du cinéma fantastique

Si Tzvetan Todorov est connu pour sa tentative de définition du fantastique basée sur le doute du réel, il l'est moins pour son essai de typologie des thèmes de la littérature fantastique, également abordé dans son ouvrage *Introduction à la littérature fantastique*. Dans cet essai il distingue deux groupes de thèmes : ceux du *je* et ceux du *tu*. Pour essayer de comprendre en peu de mots, tentons l'exercice de quelques citations : « *On a vu que les thèmes du je se fondaient sur une rupture de la limite entre psychique et physique [...] Dans l'autre registre [...] ces actes "excessifs" liés au désir sexuel, que nous avons rencontrés quand nous faisions l'inventaire des thèmes du tu.* » Et encore : « *Le je signifie le relatif isolement de l'homme dans son rapport avec le monde qu'il construit, l'accent placé sur cet affrontement sans qu'un intermédiaire ait à être nommé. Le tu, en revanche, renvoie précisément à cet intermédiaire, et c'est la relation tierce qui se trouve à la base du réseau. Cette opposition est asymétrique, le je est présent dans le tu, mais non l'inverse* ».

Voilà deux citations intéressantes. Elles montrent à l'évidence que cette typologie ne s'appuie que sur le sujet et ses rapports avec l'objet, c'est-à-dire le monde extérieur, mais sans s'inquiéter de celui-ci. Et Todorov le confirme quand il dit : « *On comprend mieux cet autre couple de termes que nous avions introduits, en partant de thèmes du regard et de thèmes du discours.* » Et il ajoute : « *(Encore doit-on manier ces mots avec prudence).* » Il faut remarquer que Todorov parle de « *discours* », et non de dialogue avec d'autres sujets. Ce qui confirme que le créateur, l'écrivain, n'est pour lui qu'un individu psychologique et non pas social. Penzoldt avait tenté de résoudre cette question, mais, hélas, en restant sur le plan psychologique. Todorov a tôt fait d'écarter facilement ses arguments d'un revers de main : « *Penzoldt suggère [...] de les* (thèmes du fantastique) *grouper en fonction de leur origine psychologique. Cette origine aurait un double lieu :*

l'inconscient collectif et l'inconscient individuel. » Todorov refuse cette typologie, car il la croit basée sur *« la biographie des auteurs. »* Et il ajoute : *« Notre refus a encore un autre motif. Pour qu'une distinction soit valable en littérature, il faut qu'elle soit fondée sur des critères littéraires, et non sur l'existence d'écoles psychologiques à chacune desquelles on voudrait réserver un champ (il s'agit chez Penzoldt d'un effort pour réconcilier Freud et Jung). »* C'est un peu léger comme critique car elle confine au procès d'intention plutôt qu'à la véritable analyse.

D'autres critiques se sont essayés à une classification plus classique du genre : histoires de vampires, de fantômes, de possession etc., classification plutôt utile à un éditeur pour faire connaître le contenu de ses anthologies à ses lecteurs.

Or les thèmes du fantastique au cinéma sont les mêmes que ceux de la littérature, du moins qu'ils proviennent du même vivier de l'imagination humaine, à partir de la typologie de Todorov et de celle de Penzoldt, poussons leurs idées un peu plus loin. Reprenons complètement l'idée du thème du je de Todorov, que j'appellerais plutôt fantastique psychologique, auquel j'intégrerais son thème du tu, j'en rajouterai un autre, celui du fantastique social, qui reprendra quelques thèmes du je et quelques autres du tu...

Le fantastique psychologique concerne la plupart des histoires de **diableries et hantises**, celles qui renvoient à la possession de notre conscient par notre inconscient. Le fantastique social concerne toutes les histoires de créatures et de mondes inconnus, même si elles sont traitées sur le mode psychologique, ce qui est souvent le cas des histoires de créatures. Car, ce qui hante l'humanité et qui produit le fantastique c'est à la fois soi-même, son individu qui parfois nous terrifie, notamment dans nos rêves, mais aussi les autres, *« l'enfer c'est les autres »*, qui sont liés ensemble, entre eux et avec soi-même par un système social. Todorov avait pressenti cette typologie quand il écrivait : *« Il est possible, par exemple, de trouver une analogie entre certaines structures sociales (ou même certains régimes politiques) et les deux réseaux de thèmes ».* Ou encore : *« L'opposition que fait Mauss entre religion et magie est très proche de celle que nous avons établie entre thèmes du je et du tu. »* Enfin, il faut rappeler que le psychanalyste Bruno Bettelheim classait les contes de fées en deux grandes catégories : ceux qui expriment le besoin d'une intégration intérieure et ceux qui aident à résoudre le conflit œdipien. Ce dernier n'est-il pas la première expérience sociale du petit humain ?

Sans reprendre tous les thèmes et sous thèmes définis par Dorothy Scarborough, Roger Caillois, P. Penzoldt ou L. Vax, pour valider cette hypothèse contentons-nous d'utiliser les fameux thèmes de l'éditeur, et voyons s'ils se placent correctement dans notre typologie avec les films qui les traitent. Utilisons les thèmes de l'anthologie du fantastique chez Marabout, y compris les thèmes de science-fiction qui sont aussi une forme de fantastique.

Le film qui exprime le mieux le thème du *délire* est sans conteste *Eraserhead* (1977) de David Lynch, et d'autres films de ce génial réalisateur. De quoi parle ce film ? De la famille, du mariage, du paysage industriel, mais sur un mode de délire absolu, avec notamment, la scène de la fille dans le radiateur. Délire également dans *Twin Peaks* (1992). Nous classerons donc ces films dans la catégorie du fantastique social. C'est un thème cher à P. K. Dick, dont on a, finalement, beaucoup porté les œuvres à l'écran, avec *Confessions d'un Barjo* qui n'est pas un film fantastique, *Blade Runner* (1982), *Total Recall* (1990), *Planète hurlante* (1995), *Impostor* (2001), *Minority Report* (2002) et *Paycheck* (2004). *Total Recall* est un vrai délire puisque le héros ne sait jamais qui il est vraiment, problématique chère à E.T.A. Hoffmann, notamment dans *Princesse Brimbilla*. Dans le film, le héros interprété par Schwarzenegger, vit plusieurs personnalités tout au long de l'histoire pour s'apercevoir que tout cela n'est pas un hasard, mais inscrit dans une stratégie politique bien précise...

Les histoires d'**aberration**, spécialité du grand Lovecraft, sont bien représentées par les films qui ont tenté de reprendre les œuvres de cet écrivain. Par exemple, *Aux Portes de l'au-delà* (1986) de Stuart Gordon, *Prince des ténèbres* (1988) et *L'antre de la folie* (1995) de John Carpenter. Tous trois font appel à des mondes parallèles habités par des monstruosités sans nom. Pourtant, ils ne se classent pas de la même manière. Le film de Stuart Gordon participe à la catégorie du fantastique psychologique, car les expériences du professeur n'impliquent que lui-même, son assistant et la psychiatre, jouets des entités de l'au-delà. Il en est de même de *Prince des ténèbres*, dans lequel il s'agit de faire venir de l'au-delà une entité dévastatrice, celle-ci n'est que la représentation des hantises personnelles et cauchemardesques des individus, même si l'histoire est habillée d'un jargon scientifique. Nous sommes bien près d'une diablerie qui renvoie à la possession de notre conscient par notre inconscient. Les nonnes qui faisaient des rêves érotiques ne se croyaient-elles pas elles-mêmes possédées par le diable ? Par contre, *L'antre de la folie* traite du même thème, mais sur un mode social, car il s'agit de déstabiliser et détruire la société humaine grâce au roman fantastique d'un écrivain inquiétant.

Le thème du ***double*** a été largement utilisé en littérature. Il ne permet pas au cinéma de produire des scènes spectaculaires. Le film qui présente ce sujet de la manière la plus angoissante est sans conteste *L'invasion des profanateurs de sépulture* (1956) de Don Siegel qui a été suivi de deux remake, l'un du même titre français (1978) de Philip Kaufman, et l'autre, film d'Abel Ferrara (1993) qui a repris le titre anglais de l'œuvre de Jack Finney, *Body Snatchers*, roman qui ressemble d'ailleurs étrangement à une nouvelle de P. K. Dick *Le Père truqué*. Ces doubles de nous-mêmes sont des extraterrestres qui profitent de notre sommeil pour fabriquer la duplication exacte de notre corps et voler notre âme. Il s'agit bien d'un fantastique social puisque ces extraterrestres volent notre corps et notre âme pour occuper la planète et notre société à la place des humains. Stephen King, dans *Pages noires*, rappelle que « *Don Siegel a déclaré que le sujet de son film était en fait la menace rouge.* » Jack Finney s'en est défendu à propos de son roman qui a inspiré le film. « *Je trouve risible qu'on puisse écrire un livre à la seule fin d'affirmer que l'individualisme est chose précieuse, qu'il n'est pas bon pour nous de nous ressembler les uns les autres* », écrit-il dans une lettre adressée à Stephen King le 24 décembre 1979. Mais, bon Dieu ! De quoi donc a voulu parler Jack Finney dans son bouquin ? Une autre histoire traite bien le thème du double, c'est celle du *Dr Jekyll et Mr Hyde* et, qui se classe aussi parfaitement dans le fantastique psychologique. Tout le monde connaît ce grand classique de Stevenson souvent adapté à l'écran. Le monstre qui est en nous, sauvage, instinctif et vicieux a été mis au jour par la potion magique du Dr Jekyll. Dans d'autres cas, nous nous transformons en d'autres doubles monstrueux comme le loup-garou, et de nombreux films ont traité du sujet, ou en autre animal comme dans *La Féline* (1942) de Jacques Tourneur. Ces histoires sont tirées de légendes issues d'une société médiévale plongée dans une nature hostile constituée de vastes forêts impénétrables peuplées de loups affamés. La situation inverse est traitée avec les adaptations de *L'île du docteur Moreau* de H. G. Wells par Erle C. Kenton en 1932, Don Taylor en 1977 et John Frankenheimer en 1997. Il s'agit de faire accéder au statut d'humain des bêtes sauvages grâce à la science. Hélas, chassez le naturel, il revient au galop... Tous les films qui traitent du double renvoient notre être social à notre image intérieure. Et cette image n'est pas vraiment belle... Il y a d'abord le reflet dans le miroir, reflet qui nous appartient, sauf quand nous le vendons au diable, comme *L'étudiant de Prague* l'a fait dans le film de Stellen Rye (1913). L'autonomie que peut prendre notre image dans des circonstances fantastiques a été peu traitée au cinéma. Nous le voyons dans un sketch du film *Frissons d'outre-tombe* (1973) de Kevin Connor, mais aussi dans *Les Frissons de l'angoisse* (1975) de Dario Argento, film qui débute par la vision du reflet de l'assassin dans le miroir par le personnage principal qui croit voir alors l'image d'un des nombreux tableaux du couloir et dans *Phantom of the Paradise* (1974) de Brian de Palma où le reflet de Swan est le diable. *Le Portrait de Dorian Gray* (1944), adapté du roman d'Oscar Wilde par Albert Lewin, reprend l'idée du portrait maudit qui devient effrayant de laideur au fur et à mesure de la débauche de son modèle. Et, lorsque ce dernier détruit le tableau, il se tue en même temps lui-même. Ce thème du tableau a également été traité par Edgar Allan Poe et repris par le chef-d'œuvre du cinéaste Jean Epstein *La Chute de la maison Usher* (1928, sonorisé en 1929), mais ici, le portrait ne transforme pas toute la laideur intérieure du modèle en horreur visuelle, il vampirise toute sa substance vitale. C'est le thème du double vampire, celui qui nous épuise dans sa volonté impitoyable d'être nous-mêmes. Cette idée est reprise par David Cronenberg dans son film *Faux-semblants* (1988), en s'appuyant sur son obsession favorite, l'horreur intérieure exprimée par une terreur proprement viscérale. Ainsi, les deux jumeaux n'auront plus que le choix de la mort pour être enfin éternellement ensemble, ou plutôt l'un et l'autre à la fois. Il y a aussi des doubles qui appellent le modèle dans un passé terrifiant pour lui. C'est le cas dans Le *Masque du démon* (1960) de Mario Bava, où Barbara Steele interprète à la fois une vampire exécutée autrefois par une "vierge de Nuremberg" et la jeune fille, son double vivant à l'époque des événements relatés. À la fin, l'ambiguïté persiste pour le spectateur, car, si la vampire est détruite, n'a-t-elle pas pris la place de la belle jeune fille ? Même terreur de l'éternel retour du mal dans le court roman de Lovecraft *L'affaire Charles Dexter Ward* adapté à l'écran par Roger Corman dans *La Malédiction d'Arkham* (1963) : l'identité, la nature exacte du châtelain maudit reste une question entière à la fin du film. *« Que sommes-nous ? »* semblent interroger ces films terrifiants, de cette terreur intérieure de nos cauchemars... L'écrivain est également obsédé par son double créateur, car sa fiction, sa création semble venir d'un autre que lui-même. Stephen King l'a si bien exprimé dans son roman *La Part des ténèbres* adapté au cinéma par George Romero (1993) : un écrivain de romans d'épouvante voit son double créateur se matérialiser et mettre en actes réels les péripéties terrifiantes de ses fictions. Tous les doubles que nous venons d'entrevoir sont des êtres maléfiques que nous craignons. Dans quelques rares cas, un double apparaît comme satisfaction d'un désir. Ce n'est pas un fantôme venu hanter le personnage, mais réellement un être de chair et de sang, double d'une personne disparue. C'est le cas dans le film *Solaris* (1972) d'Andreï Tarkovski (et son remake de 2001 réalisé par Steven Soderbergh) où un scientifique retrouve, dans une station orbitale d'étude d'une planète vivante constituée d'un unique océan, le double vivant de son épouse morte depuis des années. Il finit par en être terrorisé et essaie de l'exécuter par des moyens barbares mais n'y parvient jamais... Cette planète, en satisfaisant les désirs cachés des humains, joue le rôle de l'inconscient dans nos rêves. Il s'agit bien là de fantastique psychologique. Le double de *Lost Highway* (1997) de David Lynch est aussi ambigu. Et le réalisateur ne recule pas devant le problème et utilise un procédé difficile, et inverse de celui qui est souvent utilisé dans ce genre d'histoire : deux acteurs différents jouent chacun un des deux doubles... Enfin, il y a les faux doubles, ceux qui se cachent derrière une autre personnalité, comme ceux de *Sueurs froides* ou de *Psychose* (1960) d'Alfred Hitchcock. Doubles trompeurs, faits pour déstabiliser notre perception de la réalité, car, le monde que nous voyons est-il bien réel ?

Nous avons parlé des **monstres** créés par notre subconscient, des monstres de l'intérieur en quelque sorte, notre double monstrueux. Mais il y a aussi le monstre d'ailleurs, l'être monstrueux d'une autre espèce, l'étranger... *Le Monstre* (1955) de Val Guest tient lieu de trait d'union entre les deux, car c'est un homme, un cosmonaute infecté par une horreur spatiale, qui se transforme lentement et inexorablement en monstre absorbant toute vitalité extérieure. On voit que Ridley Scott n'a rien inventé avec *Alien* (1979), histoire et monstre inspiré de Lovecraft, comme le film précédent. Il s'agit bien de fantastique social puisque les monstres en question ne sont pas simplement des entités qui ébranlent l'équilibre psychique des personnages, mais bien des créatures qui déstabilisent la civilisation humaine, à tel point que le monstre d'Alien, grâce à son impitoyable technique pour tuer, devrait pouvoir être utilisé par les autorités pour faire la guerre. Dans *La Chose d'un autre monde* (1951) de Christian Nyby, le monstre extraterrestre endormi dans les glaces du pôle, est réveillé par des explorateurs inconscients. La terreur vient de l'existence de ce tueur, si différent qu'il est de nature végétale[3], dans un lieu clos et isolé de tout. Les êtres humains présents ne pourront compter que sur eux-mêmes pour s'en débarrasser grâce à la fée électricité. Ce film est compris dans un ensemble d'œuvres des années cinquante qui expriment la hantise de la guerre froide et de l'invasion d'une idéologie venue d'ailleurs : le communisme. Le remake de John Carpenter ne partage plus cette hantise. La chose, *The Thing* (1982), est ici encore plus terrifiante car elle occupe notre corps, elle prend ainsi notre apparence pour mieux détruire la civilisation humaine. Même angoisse du lieu clos et de voir que l'avenir de notre espèce est entre les mains de quelques scientifiques dans

---

[3] Nature inspirée de celle des "Grands Anciens" dans le très court roman de Lovecraft *Les Montagnes hallucinées,* dans lequel, justement des explorateurs retrouvent des corps de ces entités dans la glace de l'antarctique.

une base polaire. C'est un chien qui introduit le monstre dans la base. Même idée reprise dans *Alien 3* (1992) de David Fincher qui réalisera le terrible *Seven* (1995). Le chien, cet ami de l'homme, et le chat, dans *Alien* (1979) jouent le rôle de messager de l'angoisse. Tous ces monstres ont de monstrueux le physique et l'esprit, car, dans ces films, l'un ne va pas sans l'autre. C'est en quoi ils sont déstabilisateurs de notre civilisation humaine. Dans *Rage* (1976), David Cronenberg montre l'horrible transformation d'une jeune fille en vampire dévastateur, après qu'elle a subi une greffe de la peau. Elle absorbe le sang de ses victimes grâce à un appendice qui lui a poussé sous le bras et leur transmet, sans le savoir, la rage. Cette épidémie bouleverse complètement la société et l'autodestruction envahit les rues. Seule la mort de la jeune fille permettra de stopper l'enfer. Son cadavre sera jeté aux ordures. Bien que Cronenberg se défende d'avoir développé un thème social, c'est bien de cela qu'il s'agit, même contre sa volonté... Au lieu de rage, il s'agit de frénésie sexuelle, dans son film *Frissons* (1974) qui raconte les effets d'un parasite qui développe chez la personne infestée une faim sexuelle inextinguible qui produit un effet dévastateur digne des *Gremlins* (1984) de Joe Dante, ces petits monstres dévastateurs, perturbateurs et destructeurs de la civilisation. Obsédé par ce thème, Cronenberg le traite sous un autre angle, plus intimiste, mais néanmoins encore social, dans *Chromosome 3* (1979) qui met en scène une femme souffrant de troubles psychologiques et parvenant, grâce à un traitement psychiatrique révolutionnaire à "enfanter" des petits êtres éphémères et tueurs qui régleront ses comptes psychanalytiques avec sa famille. La sexualité souterraine, celle que l'on n'ose pas exprimer à cause des lois morales (comme celles imposées aux animaux humanisés de *L'île du docteur Moreau*), est parfaitement traitée par *King Kong* (1933) d'Ernest B. Schœdsack et Merian C. Cooper. Le rapt de la jeune fille par le monstre amoureux d'elle, l'œil immense du monstre qui regarde dans sa chambre, sa grande main qui possède littéralement son corps sont de merveilleux symboles d'un désir impossible à assouvir. Et que dire des petits monstres du *Village des damnés* (1960) de Wolf Rilla (magnifique remake de John Carpenter en 1995), enfants nés de femmes fécondées par une entité venue d'ailleurs ? Cruels et sans pitié ils iraient jusqu'à la destruction complète des humains pour préserver l'existence de leur espèce. Nous avons vu des monstres du fantastique social. Il y a aussi ceux du fantastique psychologique. C'est le cas du film *La Mouche* (1986) de David Cronenberg, où un savant expérimentant une désagrégation de la matière vivante pour la transporter dans un câble sous forme électronique et reconstitution à l'autre bout, se fait désagréger en même temps qu'une mouche et la reconstitution se réalise avec le mélange génétique des deux créatures. Transformation individuelle qui ne concerne que l'intéressé et dont il est le seul responsable. Enfin, il y a la monstruosité simplement humaine produite par la société, entièrement sociale. Un accident ou un attentat peuvent la produire comme dans *Darkman* (1990) de Sam Raimi, ou une maladie et cette monstruosité engendre le mépris, la crainte ou même l'exploitation des autres comme dans le chef-d'œuvre de Tod Browning *Freaks – la monstrueuse parade* (1932), film dans lequel il utilise de vrais monstres humains comme acteurs ce qui avait scandalisé la critique de l'époque et créé de grandes difficultés au cinéaste. D'ailleurs ce thème d'utilisation de vrais personnages est entré dans la légende puisqu'on racontait que les fous de *Vol au-dessus d'un nid de coucou* (1975) de Milos Forman étaient des vrais malades mentaux, c'est dire à quel point les acteurs étaient bons. *Elephant man* (1980) de David Lynch traite du même problème et va plus loin encore dans *Blue Velvet* (1987) car le monstre a la même apparence que quiconque sauf qu'il pousse la domination jusqu'au bout par la possession physique totale ; « *Je baise tout ce qui passe* » déclame-t-il. Chez David Lynch, la domination crée une certaine fascination masochiste chez le dominé et produit chez le spectateur l'angoisse de se laisser prendre un jour (qui n'a pas peur de ses propres faiblesses ? et celui qui n'en a pas peur est le plus vulnérable...). Enfin, terminons ce survol du thème des monstres avec ceux de *Massacre à la tronçonneuse* (1974) de Tobe Hooper qui met en scène une famille psychopathe de l'Amérique profonde dont les membres assassinent sauvagement les touristes pour en faire (au sens propre) de la chair à saucisse. Est-ce par inadvertance que Tobe Hooper produit ainsi une critique cruelle de l'Amérique inhospitalière et qui n'accepte les visiteurs que pour les consommer ? C'est là la raison essentielle de la longue censure dont le film a été victime... Au fait, je n'ai pas parlé de la créature du docteur Frankenstein car il en a été longuement question précédemment...

Les **morts-vivants** sont aussi des monstres, mais la tradition fantastique veut qu'on les classe à part. Le premier grand classique qui met en scène l'une de ces entités est le superbe *Mort qui marche* (1936) de Michael Curtis. Des gangsters font condamner à mort à leur place un pauvre homme interprété par Boris Karloff. Un savant ayant inventé un produit qui ressuscite les morts (produit certainement inspiré d'Herbert *West, réanimateur* de Lovecraft) tente l'expérience sur son cadavre. Elle réussit à le ramener à la vie et il consacrera son existence (!) à se venger. Thème moderne du mort-vivant, dont l'action se situe dans le monde d'aujourd'hui et qui sera repris par les nombreux films qui ont suivi et dont *La Nuit des morts-vivants* de George Romero constituera une nouvelle étape. La plupart de ces films sont à classer dans le fantastique social. George Romero utilise ses morts-vivants pour une dénonciation de la société de consommation, cette dernière allant de pair avec la violence, donc une condamnation des militaires qui en font leur profession. Les morts-vivants consomment les vivants. Cet acte épouvantable est accentué par le fait que ces créatures sont notre avenir, puisque nous sommes tous condamnés à mourir un jour ! L'action du film *La Nuit des morts-vivants* (1968) se déroule à notre époque, et la date de sa sortie montre bien les préoccupations de la société exprimée par les événements de mai 68. D'autre part, la télévision joue un rôle idéologique important dans le scénario. Dans la maison isolée et assiégée par les morts-vivants, les gens regardent les informations télévisées, seul lien avec l'extérieur, la société bien ordonnée. La télévision est aussi l'outil moderne qui apporte l'explication de l'horreur. Elle joue ici le rôle des vieux grimoires du fantastique gothique. Dans le remake de Tom Savini (1993), – le génial maquilleur du film : *Le Jour des morts-vivants* (1985) de George A. Romero – les débats de société qui se déroulent à propos de l'humanité ou non des morts-vivants apparaissent pitoyables, au spectateur qui voit des êtres humains consommés par ces créatures. Mais, à la fin du film, on prendrait pitié pour ces êtres irresponsables massacrés par des milices aux discours fascistes, alors que finalement, un chasseur tue le seul survivant en le prenant pour un mort-vivant. Le problème de la société de consommation sera ouvertement traité dans *Zombie le crépuscule des morts-vivants* (1978) où les héros se sont réfugiés dans un centre commercial assiégé par les zombies. Avec *Le Jour des morts-vivants* (1985), le cinéaste propose une vision terrifiante de la fin du monde. Cette trilogie sera reprise avec un sens de l'humour plus ou moins évident avec *Le Retour des morts-vivants* (1984) de Dan O'Bannon, *Le Retour des morts-vivants 2* (1987) de Ken Wiederhorn et *Le Retour des morts-vivants 3* (1993) de Brian Yuzna. Mais les Anglo-saxons ne sont pas les seuls à avoir traité de ce thème avec bonheur. Les Italiens s'y sont essayés dans un autre style, toujours très violent, certes, mais parfois tenant encore plus du fantastique social. Il y a, bien sûr, *L'enfer des zombies* (1979) et *La Maison près du cimetière* (1981) de Lucio Fulci, et, dans un film alliant modernisme et baroque, *Dellamorte Dellamore* (1993), Michele Soavi a repris les thèmes de Fulci et Romero pour les articuler autour de l'idée qu'il est très difficile, sinon impossible pour le gardien du cimetière de faire la différence entre la vie et la mort. Les œuvres de Lovecraft comprennent également des histoires de morts-vivants avec *Herbert West, réanimateur*, adaptées à l'écran par Stuart Gordon dans son film *Re-animator* (1985) qui ne restitue pas vraiment l'atmosphère de l'écrivain de Providence qui avait écrit ces nouvelles sur commande : quand on est poursuivi par de méchants personnages, il est particulièrement pénible de les voir resurgir réanimés par le produit miracle de l'étudiant West. Toujours dans la catégorie du fantastique social, les films sur la malédiction subie après la violation de sépultures anciennes et qui en fait revenir les morts, expriment le principe de respect d'une autre culture. C'est le cas avec des films comme *La Momie* (1932) de Karl Freund, avec Boris Karloff et *La Malédiction des pharaons* (1959) de Terence Fisher avec Christopher Lee dans le rôle de la momie et Peter Cushing. Pour terminer sur ce thème, je rappelle pour mémoire celui des vampires, le plus riche de tous, que j'ai largement traité précédemment dans ce chapitre.

L'écrivain qui a le mieux traité du **cauchemar** est sans conteste Lovecraft et le cinéaste, Wes Craven avec son *Les Griffes de la nuit* (1984). Mais, y a-t-il un lien entre les deux ? Wes Craven répond oui dans son dernier, *Freddy sort de la nuit* (1994). L'intrigue s'y déroule alors que des tremblements de terre se produisent à répétition. Or, tous les lecteurs de Lovecraft savent que le grand Cthulhu reviendra lors de tels séismes. Simple coïncidence dirions-nous. . Et non ! Car Wes Craven lui-même, qui joue son propre rôle dans ce film, cite ses sources lors d'une conversation avec l'actrice Heather Langenkamp qui joue également son propre rôle.

Wes Craven :

— *J'y vois une... une entité. Elle est vieille, très très vieille. Elle a traversé l'histoire sous différentes formes. Il y a une chose qui ne change pas dans tout ça, c'est sa raison d'être.*

Heather Langenkamp :

— *C'est-à-dire ?*

— *Le meurtre de l'innocence [...] Elle peut, dans certains cas être capturée.*

— *Capturée ?*

— *Par les auteurs de toutes ces histoires. Quand ils tiennent une bonne histoire, ils en capturent l'essence même et ensuite, ils la retiennent prisonnière dans le récit. [...] Les problèmes viennent quand l'histoire s'arrête [...] sa mort libère le mal.*

— *Conclusion : Freddy serait cette entité ?*

— *Ouais, nouvelle version.*

Certains verront le diable dans cette entité. Le cinéaste cite le conte *Hansel et Gretel* et, comme la sorcière de ce conte, la fin de Freddy dans un four où on le voit reprendre l'apparence de Satan, semblerait le confirmer. Mais Wes Craven a bien pris soin de ne parler que d'entité... Donc laisse la porte ouverte à toutes les interprétations. Les films de Freddy sont vraiment terrifiants car le monstre sanguinaire apparaît grâce aux cauchemars des personnages, rêves se matérialisant de manière épouvantable. Dans le film *Vampyr* (1932), Carl Th. Dreyer traite également du cauchemar. Tourné en France, ce premier film parlant du grand cinéaste met en scène une vieille femme vampire et un touriste pêcheur qui passe là par hasard, s'étant arrêté à l'auberge du Dragon volant. Ce touriste Allan Gray (il porte ce nom dans la version allemande) s'endort un moment et fait un cauchemar : il rêve de sa propre mort et la scène de sa mise en bière quand il voit le vampire apparaître au travers de la petite fenêtre du couvercle du cercueil dans lequel il est allongé, a inspiré Wes Craven dans son film *L'emprise des ténèbres* (1988). Le héros de ce film, transformé en zombie, se voit enterrer vivant et, juste avant, son persécuteur, le chef de la police adepte du vaudou, entre dans le champ cadré par la petite fenêtre du couvercle de son cercueil... L'entrée dans le champ au cinéma inspire bien le rêve au spectateur, surtout quand ce champ est rendu étroit par le cadrage. Ainsi, par exemple, dans *Freddy sort de la nuit*, l'actrice discute avec un ami sur un banc dans un parc public. Ils sont filmés de dos. Un moment, un enfant roulant à bicyclette entre dans le champ, par la gauche, devant eux et en ressort. Puis il entre de nouveau par la droite, mais derrière eux, donc au premier plan et ressort en une seconde par la gauche. Cet enfant porte le même pull que Freddy ! Le danger est ainsi annoncé par l'entrée dans le champ, le cinéaste utilisant l'entrée et la sortie du champ pour développer l'inquiétude subconsciente du spectateur... Les histoires de cauchemar se partagent souvent entre les deux catégories de fantastique. Le cauchemar tient évidemment de la pure psychologie. Cela, c'est dans la vie. Mais dans le cinéma fantastique, c'est tout autre chose... Regardons le film *Les Griffes de la nuit* (1984) de Wes Craven et toutes les séquelles *Freddy* qui ont suivi. Ce monstrueux assassin, défiguré par les brûlures atroces infligées autrefois par les mères de ses victimes, revient tuer à partir des rêves des adolescentes, ainsi punies du plaisir sexuel qu'elles prennent en cachette. Mais si le thème s'appuie sur la psychologie, c'est pour traiter du fantastique social, car c'est de la société américaine qu'il s'agit, et des peurs qu'elle produit sur elle-même à partir des monstruosités qu'elle engendre en son sein. Il en est de même des autres films du même genre comme *Halloween* (1978) de John Carpenter et *Vendredi 13* (1980) de Sean Cunningham. Et pourtant, ces films participent également du fantastique psychologique, car ils reprennent la punition du Surmoi pour en faire une histoire d'épouvante.

Dans le domaine de l'**occultisme**, le cinéma fantastique est bien plus pauvre. Il est vrai que ce sujet n'est pas facile à traiter. Il y a eu d'abord tous les films sur la Mandragore, cette femme artificielle créée à partir de la plante du même nom arrosée par le sperme d'un pendu. Cette créature n'a pas dépassé 1952 au cinéma. Pourquoi ? Certainement parce qu'elle apparaît par trop invraisemblable, la science-fiction ayant habitué les spectateurs à des explications plus rationnelles ; il en est de même d'ailleurs du Golem qui disparut encore plus tôt des écrans pour les mêmes raisons. Il faut dire également que ces créatures pourraient être également classées dans la catégorie des monstres au cinéma. Mais il s'agit bien d'occultisme, car les procédés utilisés pour les créer sont issus de la magie noire. Toutes ces histoires peuvent être inclues dans le fantastique social car ces êtres permettent à leur créateur d'accéder à la richesse et à la notoriété. Comme c'est le cas dans *Rendez-vous avec la peur* (1957) de Jacques Tourneur. Il est une pratique de magie noire qui a survécu dans notre cinéma contemporain, c'est le Vaudou. Le film qui a vraiment entamé un cycle sur ce thème est *White Zombie* (1932) de Victor Halperin, dans lequel Bela Lugosi joue le rôle d'un terrifiant maître des zombies qui a jeté son dévolu sur la charmante héroïne. Puis, en 1943, Jacques Tourneur lui emboîta le pas avec *Vaudou*, magnifique film dont on ne sort pas indemne. Wes Craven récidive en 1988 avec *L'emprise des ténèbres*, film dans lequel il pousse la logique vaudou jusqu'au bout, car on sait que cette magie noire sert avant tout à prendre et garder le pouvoir. Film terrifiant par les images qu'il montre ou suggère, mais aussi par l'actualité de ses conséquences... On ne peut pas faire mieux dans le domaine du fantastique social.

Le **diable** serait toujours parmi nous, mais, ce qui est sûr par contre, c'est qu'il reste peu présent sur les écrans, jusqu'à la fin du siècle où, Millennium oblige nous avons eu droit à plein de films diaboliques. Autrefois, la légende de Faust, immortalisée par Gœthe, fut très fréquentée par les cinéastes, ce qui nous valut *Les Visiteurs du soir* (1942) de Marcel Carné, *La Main du diable* (1943) de Maurice Tourneur, et *La Beauté du diable* (1949) de René Clair, une trilogie française de cinéma fantastique à laquelle nous sommes peu habitués. À chaque fois, le diable en est le héros, ou plutôt le prétexte à une grande leçon de morale chrétienne rendue fantastique par la présence de l'ange déchu joué par des acteurs formidables comme Michel Simon dans *La Beauté du diable*. Le chef-d'œuvre dans le domaine des diableries est sans conteste *Rosemary's Baby* (1968) de Roman Polanski dans lequel le malin est aussi prétexte à traiter du problème de la trahison et du complot, puis, en finale, de l'amour maternel qui conduira – et le démon le sait – la mère à élever son diabolique enfant... Voilà donc plusieurs histoires de diableries qui tiennent du fantastique social. Mais, à partir de 1968, les diableries reviennent à la mode sur des sujets beaucoup plus fantastiquement psychologiques.

C'est le cas avec *L'exorciste* (1973) de William Friedkin, *La Malédiction* (1976) de Richard Donner et leurs séquelles, films dans lesquels les héros diaboliques sont des enfants devenus terrifiants à cause d'une possession. L'histoire atteint le spectateur au plus profond de sa censure morale, en général solidement implantée par une éducation – ou même seulement une tradition – religieuse, ce qui rend d'autant plus crédible ces histoires dans notre subconscient de judéo-chrétien. Il y a donc bien quelque part le résultat d'un éventuel inconscient collectif dans l'effet produit, mais surtout, celui de notre inconscient individuel qui nous renvoie à un fantastique psychologique. Enfin, à la limite du fantastique, on trouve des films traitant du diable et de ses adeptes, comme *La Sorcellerie à travers les âges (Häxan)* (1921) de Benjamin Christensen, chef-d'œuvre d'anthologie du fantastique dans ce domaine et *Les Diables* (1970) de Ken Russel qui a dû s'inspirer un peu de ce dernier film. Ces histoires sont à ranger dans la catégorie du fantastique social, car, justement, elles analysent comment des phénomènes de société, voire de civilisation, peuvent produire des effets fantastiques sur des esprits envahis par le rationalisme surnaturel de la religion. Ainsi, des nonnes amoureuses malgré elles, et amenées ainsi à faire des rêves érotiques, se croient-elles sincèrement possédées par le Malin et acceptent même d'être conduites au bûcher par Rédemption. On observe le même fait dans des scènes très dures du film d'Ingmar Bergman *Le Septième sceau* (1956).

Dans *Suspiria* (1977) et *Inferno* (1978) de Dario Argento, les protagonistes sont les victimes de **maléfices** terrifiants. Dans le premier film, la première scène de meurtre est particulièrement angoissante, unique dans l'histoire du cinéma. Lors d'une nuit pluvieuse, une jeune fille rentre à son hôtel aux décors de couleurs criardes. Ce décor inhabituel produit déjà une inquiétude chez le spectateur qui assistera à la pendaison du cadavre de la belle au centre de la cage d'escaliers aux couleurs vives expressionnistes. Mais revenons au début de la scène. Entrée dans sa chambre, elle est prise d'inquiétude et regarde au travers de la fenêtre vers l'obscurité pour tenter de voir quelque chose. Elle colle son visage contre la vitre... Qui n'a jamais tenté le même regard sur le néant extérieur de la nuit ? Et, horreur ! Elle aperçoit au fond de l'obscurité deux yeux maléfiques qui la regardent et un bras armé d'un couteau jailli des ténèbres la frappe à mort à plusieurs reprises dans un décor de couleurs vives. Jamais le spectateur ne verra le propriétaire du bras armé toujours filmé en gros plan, suggérant ainsi le surnaturel de ce meurtre... Dans *Inferno*, un immeuble new yorkais possède dans ses murs toute l'horreur de maléfices mortels. Le thème des maléfices présente toujours de pauvres innocents soumis à des forces du mal, inconnues, qui les manipulent dans un projet incompréhensible. Sam Raimi l'a particulièrement réussi dans son premier film *Evil Dead* (1982) qu'il a voulu caricatural, mais cet aspect n'a pas toujours été perçu par les spectateurs qui sont, la plupart du temps, sortis terrifiés de ce film. Ces histoires renvoient à l'inconscient personnel du spectateur, à ses terreurs inconscientes issues de la petite enfance, ce que les Américains appellent le croque-mitaine, personnage si bien utilisé par Stephen King dans son œuvre. Nous sommes donc plongés ici dans un fantastique essentiellement psychologique. Il en est de même, d'ailleurs, d'histoires comme *La Charrette fantôme* (1939), film de Julien Duvivier qui adapte une nouvelle de Selma Lagerlöf (*La Charrette de la mort* – 1900) dans laquelle la mort se fait annoncer par le bruit des roues d'une charrette sur les pavés conduite par celui qui est mort le dernier de l'année précédente. Celui qui l'entend, ce sera alors à son tour. La faute à « pas de chance » !

Le plus spectaculaire (au cinéma) dans les histoires de **fantômes** est le son. Car, au fond, il n'y a pas grand-chose à voir. C'est ce qu'a génialement réussi à faire Robert Wise dans *La Maison du diable* (1963). Ce film a réussi à produire une terreur intense chez le spectateur grâce au son. Et, puisque le personnage le plus touché par la hantise est Eleanor, la jeune femme qui souffre d'un grave complexe de culpabilité, on ne peut que classer ce film dans la catégorie du fantastique psychologique. Ce qui est aussi le cas de la plupart des films de hantise. D'ailleurs, souvent, un psychiatre est le héros négatif de l'histoire, jouant le rôle du scientifique rationnel qui nie les phénomènes surnaturels, comme d'ailleurs, dans nombre de films de diableries et possessions. Au contraire, certains cinéastes ont inversé totalement le rôle du psychiatre dans leur histoire en en faisant le porteur de la terreur et du mal. C'est le cas, par exemple, dans *Le Silence des agneaux* (1990) de Jonathan Demme et de *Cabale* (1990) de Clive Barker qui a confié le rôle du psychiatre tueur à David Cronenberg. La vraie nouveauté apportée au genre a consisté à ajouter une critique de société à l'analyse psychologique de la hantise. C'est ce que fit Tobe Hooper avec *Poltergeist* (1982) où est dénoncé le manque de scrupule des promoteurs immobiliers. Hooper est coutumier du genre qui fait des films fantastiques pour analyser la société américaine et critiquer ses travers. Ce n'est pas bien méchant, mais cela lui a coûté des années de censure pour *Massacre à la tronçonneuse* (1974). À quelque chose malheur est bon, car cette interdiction lui a, en fin de compte, apporté la célébrité. Mais, dans certains films, les fantômes prennent une existence matérielle pour venir hanter les vivants. C'est le cas dans *La Bête aux cinq doigts* (1947) de Robert Florey où la main de la victime revient le hanter, en jouant, notamment du piano... Dans *Fog* (1979) de John Carpenter, des marins reviennent se venger des naufrageurs d'une petite ville côtière. Si ces fantômes sont terrifiants et tuent des gens, il en est qui prennent une existence matérielle bien plus séduisante, comme le Hollandais volant de *Pandora* (1951), film d'Albert Lewin. Tous ces films qui traitent d'un intense sentiment de culpabilité (qu'il soit individuel ou collectif), seraient à classer dans la catégorie du fantastique psychologique... Enfin, Tim Burton se plaît à montrer les fantômes comme des personnages farfelus et amusants, ce qui a apporté une nouveauté au genre, avec des films comme *Beetlejuice* (1988) qui traite surtout de la mort sur un mode léger et insouciant, seuls les vivants étant responsables de la terreur que peuvent produire les revenants. Japonais, Sud-

Coréens et Thaïlandais ont réalisé d'excellents films de fantômes : le très connu *Ring* (1998), ses séquelles et ses remake américains, mais aussi *Deux Sœurs* (2003) et *Bangkok Haunted* (2003). Une vraie révolution dans le genre !

Le fantastique dans le cinéma de science-fiction

La science-fiction, dont certains films ont déjà été analysés ci-dessus, est, par excellence, le moyen le plus fantastique de traiter des problèmes de société et d'éthique, des questions liées à l'avenir de la civilisation, de l'évolution des sciences et des technologies. Il est curieux de noter ce qu'affirme Stanley Kubrick, interrogé par Michel Ciment, à propos des rapports entre le psychologique et le social : « *L'hypocrisie de l'homme l'aveugle sur sa propre nature et se trouve à l'origine de la plupart des problèmes sociaux. L'idée que la crise de notre société a pour cause les structures sociales plutôt que l'homme lui-même est à mon avis dangereuse. L'homme doit être conscient de sa dualité et de sa propre faiblesse pour éviter les pires problèmes personnels et sociaux.* » Précisons que le thème de cette interview était le film *Shining* (1980) qui traite de fantastique psychologique. Ce n'est pas une raison pour ne pas voir le fantastique social dans des films comme *2001 L'odyssée de l'espace* (1968) et *Dr Folamour* (1963)... Des films comme *Orange mécanique* (1971) de Stanley Kubrick, *1984* (1984) de Michael Radford, adaptation du célèbre roman de George Orwell, *Brazil* (1985) de Terry Gilliam sonnent l'alarme d'une société totalitaire qui guette notre pauvre monde. L'avenir plus lointain est aussi effrayant dans *Zardoz* (1973) de John Boorman, *Soleil vert* (1973) de Richard Fleischer et *Planète hurlante* (1996) de Christian Duguay. Ces films font évidemment partie de la catégorie du fantastique social. D'autres, qui semblent traiter du même type de problèmes, s'attachent plutôt à l'étude intimiste de la psychologie humaine qui s'exprime dans des circonstances particulières comme celles qui suivent l'holocauste nucléaire ne laissant que quelques survivants sur la planète. Celui qui apporte le plus de profondeur dans cette réflexion est le magnifique *Le Monde, la chair et le diable* (1959) de Ronald Mac Dougall. Sur le même thème mais dans un autre registre, *Le Jour des morts-vivants* (1985) de George A. Romero est terrifiant par l'horreur de la disparition de l'espèce humaine.

Notre époque vit à l'époque des mondes virtuels. La fiction rejoint ainsi la réalité. De nombreux films se sont employés à utiliser ce thème pour traiter des problèmes de société, d'inadaptation à la société, comme *Nirvana* (1997) de Gabriele Salvatores, dans lequel, à cause d'un virus informatique, le personnage d'un jeu devient réel, et les personnages du monde matériel sont en quête de leur personnalité et de leur existence même dans une société où la différence entre le virtuel et le réel est difficile à appréhender. Encore un thème cher à Philip K. Dick...

Ces deux essais sont extraits de mon livre "Un siècle de cinéma fantastique et de SF" Editions Le Manuscrit 2005 qui comporte bien d'autres études et réflexions sur le cinéma fantastique ainsi que les chroniques de plus de 1000 films, de la naissance du cinéma jusqu'en 2005. J'ai publié la suite : "Un siècle de cinéma fantastique et de SF La suite : 2004-2015" chez Edilivre.

Le lecteur pourra les retrouver dans le recueil de mes études sur le fantastique et le SF (1996-2015)

Givors, le 13 septembre 2015

Liste des films cités

www.ingramcontent.com/pod-product-compliance
Lightning Source LLC
Chambersburg PA
CBHW071016180526
45168CB00003B/1443